pfsense®

**O firewall open source mais
poderoso do mercado**

Felipe Rodrigues

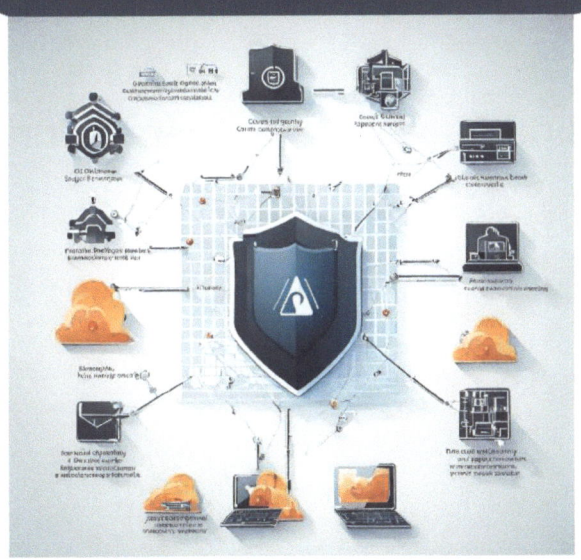

O firewall open source

mais poderoso do mercado

Felipe Alexandre Teixeira Rodrigues

Sumário

Introdução

Bem-vindo ao mundo do pfSense, um firewall open source de alto desempenho e extremamente versátil. Seja você um administrador de rede experiente ou alguém que está dando os primeiros passos na configuração de um firewall, este *eBook* é projetado para ajudá-lo a aproveitar ao máximo essa poderosa solução de segurança.

O pfSense é uma ferramenta incrivelmente valiosa para proteger redes de todos os tamanhos, desde residências e pequenas empresas até grandes instituições e corporações. Neste guia completo, vamos acompanhá-lo passo a passo desde a instalação inicial até configurações mais avançadas. Ao final deste eBook, você estará pronto para implementar, personalizar e otimizar o pfSense de acordo com as necessidades específicas da sua rede.

Vamos começar explorando como instalar o pfSense, realizar configurações básicas essenciais, como a alteração de senhas de administração, configuração de DNS e nome de host, além de aplicar regras de segurança para proteger a porta SSH e IPv6. Em seguida, aprenderemos como aplicar HTTPS ao WebConfigurator e como alterar a porta de acesso à interface web para aumentar a segurança.

Além disso, abordaremos a configuração de serviços essenciais, como DHCP e DNS, com exemplos práticos, e estabeleceremos regras de firewall que permitem o funcionamento suave de serviços importantes, como Meet e VoIP, enquanto bloqueamos o tráfego indesejado.

Para aqueles que desejam estender ainda mais a funcionalidade do pfSense, também exploraremos a criação de uma VPN cliente-servidor com o OpenVPN, utilizando chaves de criptografia robustas de 256 bits para garantir a privacidade e segurança dos seus dados.

No final deste *eBook*, você terá um entendimento sólido do pfSense e será capaz de configurá-lo e mantê-lo de forma eficaz. Estamos ansiosos para guiá-lo nessa jornada e capacitá-lo a fortalecer a segurança da sua rede. Vamos começar!

Requisitos Mínimos do Hardware

Computador com Pelo Menos 2 GB de RAM: O pfSense é um firewall poderoso, e para um desempenho adequado, recomenda-se um mínimo de 2 GB de RAM. No entanto, para ambientes maiores ou com mais usuários, mais RAM pode ser necessária.

Disco Rígido com Pelo Menos 10 GB de Espaço Livre: O pfSense precisa de espaço em disco para o sistema operacional e armazenamento de logs. Um disco rígido com pelo menos 10 GB de espaço livre é suficiente para uma instalação básica, mas é aconselhável ter mais espaço se você planeja armazenar muitos logs ou configurar serviços adicionais.

Conexão com a Internet: Para atualizar o pfSense e obter pacotes adicionais, uma conexão com a Internet é necessária. Além disso, o pfSense é frequentemente usado como um gateway de internet, portanto, uma conexão à Internet é fundamental para sua operação.

Duas Placas de Rede: O pfSense é projetado para separar redes e funcionar como um firewall entre elas. Portanto, é essencial ter pelo menos duas placas de rede em seu hardware para configurar as interfaces WAN (Wide Area Network) e LAN (Local Area Network).

Além desses requisitos mínimos, lembre-se de verificar a compatibilidade de hardware específica com a versão do pfSense que você deseja instalar, pois algumas versões podem ter requisitos adicionais ou recomendações de hardware específicas. Certifique-se de verificar a documentação oficial do pfSense para obter informações atualizadas sobre requisitos de hardware.

Instalação do pfSense

Baixe a imagem ISO do pfSense:

Acesse o site oficial do pfSense em
https://www.pfsense.org/download/.
Escolha a versão adequada do pfSense para o seu
hardware. Certifique-se de selecionar a arquitetura correta
(por exemplo, AMD64 ou ARM) e a versão desejada.
Clique para baixar a imagem ISO do pfSense.
Grave a imagem ISO em um DVD ou pendrive:

Use um software de gravação de imagem, como o Rufus
(para pendrives) ou o software de gravação de DVD de
sua escolha, para criar um meio de instalação a partir da
imagem ISO que você baixou.
Insira o DVD ou pendrive no computador:

Insira o DVD gravado ou o pendrive em uma porta USB disponível no computador onde deseja instalar o pfSense. Configure o computador para inicializar a partir do DVD ou pendrive:

Reinicie o computador e acesse a BIOS ou UEFI. Isso geralmente é feito pressionando uma tecla específica durante a inicialização, como F2, F12, Delete, ou outra, dependendo do fabricante da placa-mãe.

Nas configurações da BIOS/UEFI, altere a ordem de inicialização para que o DVD ou pendrive seja a primeira opção de inicialização.

Salve as alterações na BIOS/UEFI e saia para que o computador reinicie a partir do DVD ou pendrive.

Siga as instruções na tela para instalar o pfSense:

O pfSense fornecerá um assistente de instalação que o guiará pelo processo. Siga as instruções na tela para selecionar o idioma, a localização e as configurações de teclado.

11

Selecione a opção de instalação e escolha a unidade onde deseja instalar o pfSense (o disco rígido com pelo menos 10 GB de espaço livre).

Complete a instalação, crie uma senha de administrador e configure as interfaces de rede WAN e LAN conforme necessário.

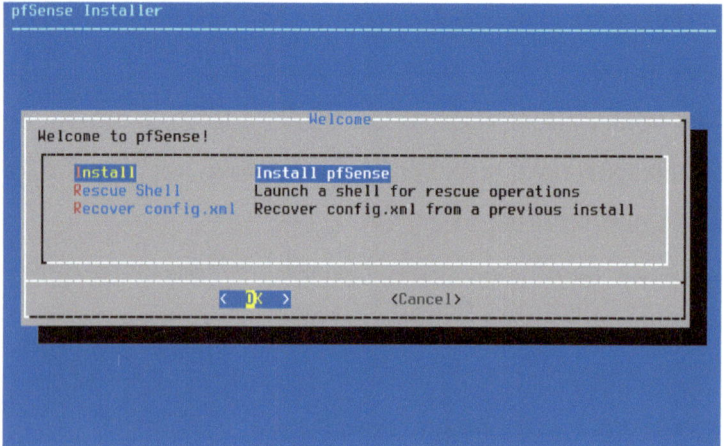

Após as etapas básicas de instalação:

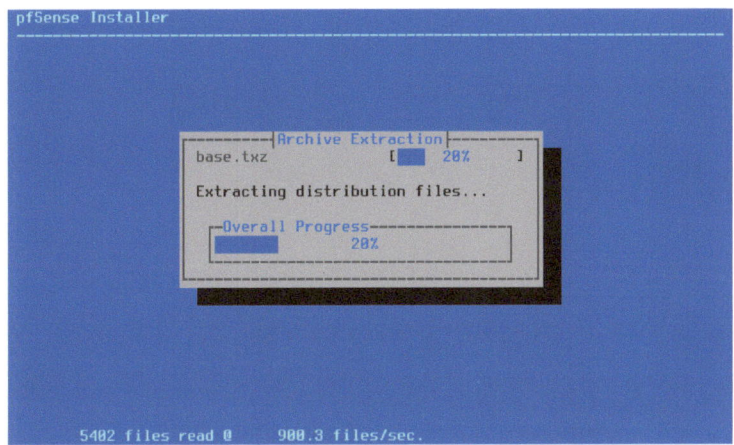

Tela inicial do pfSense após instalação:

```
pfSense 2.7.0-RELEASE amd64 Wed Jun 28 03:53:34 UTC 2023
Bootup complete

FreeBSD/amd64 (pfSense.home.arpa) (ttyv0)

VirtualBox Virtual Machine - Netgate Device ID: 05079092a5f30234134d

*** Welcome to pfSense 2.7.0-RELEASE (amd64) on pfSense ***

 WAN (wan)       -> le0      -> v4/DHCP4: 192.168.1.5/24
                             v6/DHCP6: 2804:3d28:12:8d3d:a00:27ff:fe46:78b0
/64
 LAN (lan)       -> le1      -> v4: 192.168.1.1/24

 0) Logout (SSH only)                9) pfTop
 1) Assign Interfaces               10) Filter Logs
 2) Set interface(s) IP address     11) Restart webConfigurator
 3) Reset webConfigurator password  12) PHP shell + pfSense tools
 4) Reset to factory defaults       13) Update from console
 5) Reboot system                   14) Enable Secure Shell (sshd)
 6) Halt system                     15) Restore recent configuration
 7) Ping host                       16) Restart PHP-FPM
 8) Shell

Enter an option: ▮
```

Configurações Básicas do pfSense

Após a instalação bem-sucedida do pfSense, é fundamental realizar algumas configurações básicas para garantir a segurança e o funcionamento adequado do seu firewall.

Acesso ao IP de LAN do pfSense

Certifique-se de que você tem acesso ao endereço IP da interface LAN padrão do pfSense, geralmente definido como 192.168.1.1.

No caso em que a WAN seja configurada para receber um IP via DHCP, você pode verificar o IP atribuído, como por exemplo 192.168.1.5 conforme imagem abaixo.

Para acessar o pfSense, basta abrir um navegador web e inserir o endereço IP na barra de endereços.

Alteração da Senha do Administrador

Acesse o WebConfigurator do pfSense por meio do navegador da web. O usuário e a senha padrão para o primeiro acesso são "admin" e "pfsense", respectivamente. No entanto, é altamente recomendável alterar a senha do administrador assim que possível para aumentar a segurança do sistema. Você pode fazer isso indo para "System" (Sistema) -> "User Manager" (Gerenciador de Usuários) e modificando a senha da conta de administrador.

WARNING: The 'admin' account password is set to the default value. Change the password in the User Manager.

System / User Manager / Users / Edit

Users   Groups   Settings   Authentication Servers

User Properties

Defined by	SYSTEM		
Disabled	☐ This user cannot login		
Username	admin		
Password	Password		Confirm Password

Certifique-se de que sua senha para o servidor seja longa (pelo menos 12 caracteres) e inclua uma variedade de letras maiúsculas, minúsculas, números e caracteres especiais. Evite informações pessoais, sequências óbvias e palavras comuns. Nunca compartilhe senhas e considere o uso de um gerenciador de senhas. Lembre-se de atualizar suas senhas regularmente e ativar a autenticação de dois fatores sempre que possível para uma segurança adicional.

Configuração do DNS

Configure o pfSense para usar um servidor DNS confiável. Isso é importante para permitir que o seu firewall resolva nomes de domínio e acesse recursos externos, como atualizações de sistema e pacotes adicionais. Você pode configurar o servidor DNS indo para "System" (Sistema) -> "General Setup" (Configuração Geral) e preenchendo os campos apropriados com as informações do servidor DNS desejado.

System / General Setup

System

Hostname — pfSense
Name of the firewall host, without domain part.

Domain — home.arpa
Domain name for the firewall.

Do not end the domain name with .local as the final part (Top Level Domain, TLD). The 'local' TLD Rendezvous, Airprint, Airplay) and some Windows systems and networked devices. These will not Alternatives such as 'home.arpa', 'local.lan', or 'mylocal' are safe.

DNS Server Settings

DNS Servers — 8.8.8.8 — 8.8.4.4
Address — Hostname
Enter IP addresses to be used by the system for DNS resolution. These are also used for the DHCP service, DNS Forwarder and DNS Resolver when it has DNS Query Forwarding enabled.
Enter the DNS Server Hostname for the DNS Resolver (optional).

Apontar um servidor DNS seguro no pfSense é essencial para garantir uma navegação mais segura e eficiente. Uma excelente opção é configurar o servidor DNS do Google (8.8.8.8 ou 8.8.4.4). Essa alteração não só melhora a resolução de nomes de domínio, como também é crucial para permitir a instalação e atualização de pacotes no pfSense. Um DNS confiável ajuda a garantir que os pacotes sejam baixados e verificados de forma segura, fortalecendo a segurança de sua rede. Portanto, escolher um servidor DNS seguro é uma medida fundamental para a operação eficaz do pfSense.

Definição do Nome de Host

Defina um nome de host para o seu firewall pfSense. O nome de host é uma identificação única para o dispositivo e é útil para identificá-lo na rede. Você pode fazer isso indo para "System" (Sistema) -> "General Setup" (Configuração Geral) e inserindo o nome de host desejado no campo apropriado.

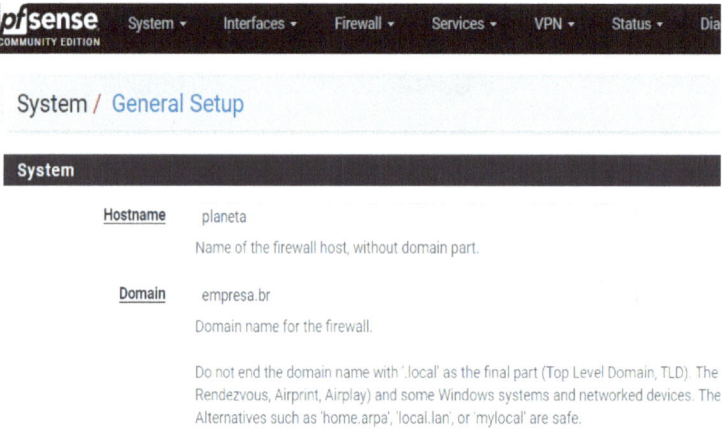

Bloqueio da Porta SSH

É altamente recomendável bloquear a porta SSH para impedir acessos não autorizados. A porta SSH (geralmente a porta 22) é um alvo comum para tentativas de acesso não autorizado. Você pode configurar regras de firewall para bloquear o tráfego na porta SSH, garantindo que apenas os dispositivos autorizados possam acessar o serviço SSH.

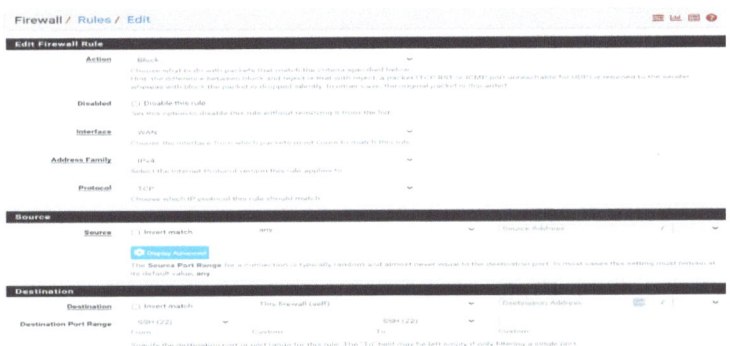

Para bloquear o acesso à porta SSH no pfSense, você pode seguir estas etapas:

1. Acesse o WebConfigurator do pfSense.

2. Vá para "Firewall" (Firewall) e selecione "Rules" (Regras).

3. Selecione a interface pela qual você deseja bloquear o acesso SSH. Isso normalmente é feito na interface WAN para impedir o acesso SSH a partir da Internet.

4. Clique em "Add" (Adicionar) para criar uma nova regra.

5. Na seção "General" (Geral), configure as seguintes opções:

   - Action (Ação): Selecione "Block" (Bloquear).

   - Interface (Interface): Selecione a interface onde você deseja aplicar a regra.

   - Address Family (Família de Endereços): Deixe como IPv4.

   - Protocol (Protocolo): Selecione "TCP".

   - Source (Origem): Qualquer, a menos que você queira especificar um intervalo ou endereço IP de origem.

- Destination Port Range (Intervalo de Porta de Destino): Defina a porta SSH (por padrão, a porta SSH é 22).

6. Na seção "Advanced" (Avançado), você pode adicionar descrições ou notas adicionais, se desejar.

7. Clique em "Save" (Salvar) para aplicar a regra.

Isso bloqueará o acesso SSH à interface e à porta especificada. Certifique-se de que você não está bloqueando o acesso a partir das interfaces ou endereços IP necessários para a administração do pfSense. Além disso, certifique-se de ter acesso ao WebConfigurator para fazer alterações posteriormente, caso necessário.

Desativação do IPv6

Se não estiver usando ativamente o IPv6 na sua rede, é uma boa prática desativá-lo para evitar possíveis problemas de segurança e complexidade desnecessária. Você pode desativar o IPv6 indo para "System" (Sistema) -> "Advanced" (Avançado) -> "Networking" e desmarcando a opção "Allow IPv6" (Permitir IPv6).

Admin Access	Firewall & NAT	Networking	Miscellaneous	System Tunables	Notifications

IPv6 Options

Allow IPv6	☐ All IPv6 traffic will be blocked by the firewall unless this box is checked. NOTE: This does not disable any IPv6 features on the firewall, it only blocks traffic.
IPv6 over IPv4 Tunneling	☐ Enable IPv6 over IPv4 tunneling. These options create an RFC 2893 compatible mechanism for IPv4 NAT encapsulation of IPv6 packets, that can be used with IPv4 routing infrastructures. IPv6 firewall rules are also required, to control and pass encapsulated traffic.
Prefer IPv4 over IPv6	☐ Prefer to use IPv4 even if IPv6 is available. By default, if IPv6 is configured and a hostname resolves IPv6 and IPv4 addresses, IPv6 will be used. If this option is sele over IPv6.
IPv6 DNS entry	☐ Do not generate local IPv6 DNS entries for LAN interfaces. If a LAN interface's IPv6 configuration is set to Track, and the tracked interface loses connectivity, it can cause connectio established via hostname to fail. This can happen unintentionally when accessing the firewall by hostname, since by defa are added to the system's DNS. Enabling this option prevents those IPv6 records from being created.
DHCP6 Debug	☐ Start DHCP6 client in debug mode
Do not allow PD/Address release	☐ dhcp6c will send a release to the ISP on exit, some ISPs then release the allocated address or prefix. This option preve sent

Configuração do WebConfigurator para HTTPS

Para melhorar a segurança do seu firewall, é altamente recomendável configurar o WebConfigurator para usar HTTPS (Hypertext Transfer Protocol Secure). Isso criptografará a comunicação entre o navegador e o pfSense, tornando as informações mais seguras. Além disso, é importante alterar a porta padrão do HTTPS para dificultar o acesso não autorizado. Evite escolher portas reservadas. Por exemplo, se você escolher a porta 20001 como porta personalizada, o acesso ao WebConfigurator do pfSense passará a ser https://192.168.1.1:20001.

- Vá em "System" (Sistema) -> "Advanced" (Avançado)
- Na seção "HTTPS", marque a caixa "Enable HTTPS" (Habilitar HTTPS).
- Na seção "TCP port", insira a porta escolhida que no nosso caso foi a "20001".

Altere a porta padrão do HTTPS para uma porta personalizada que não esteja reservada para outros serviços. Certifique-se de lembrar a porta escolhida para futuros acessos.

Essas são as configurações básicas que você deve realizar após a instalação do pfSense. Lembre-se de que a segurança é uma consideração fundamental, portanto, tome medidas rigorosas para proteger seu firewall e sua rede. Consulte a documentação oficial do pfSense para obter informações mais detalhadas sobre essas configurações e outras opções avançadas disponíveis.

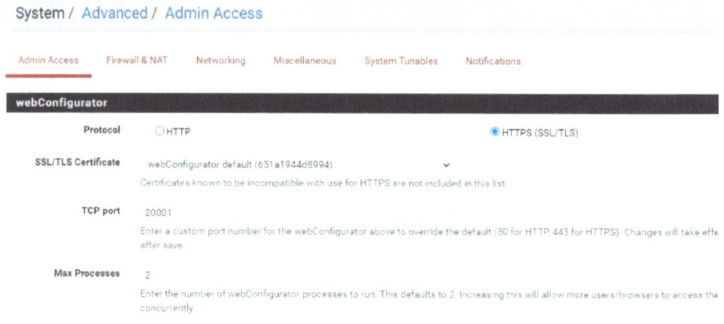

Configurando o DHCP e o DNS no pfSense

Para configurar o DHCP e o DNS no pfSense, siga estas etapas:

Acesse o WebConfigurator do pfSense:

Abra o seu navegador e acesse o WebConfigurator do pfSense digitando o endereço IP da interface LAN, que passou a ser https://192.168.1.1:20001 no seu navegador. Faça login usando as suas credenciais de administrador que você já escolheu anteriormente.

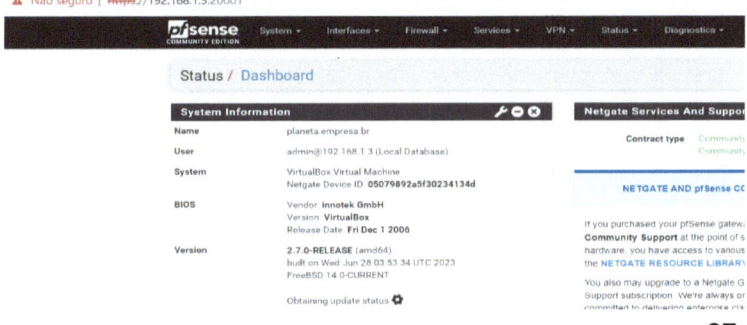

Alterando o Endereço da Interface LAN
(Opcional)

Antes de configurar o DHCP, você pode optar por alterar o endereço da interface LAN. Por exemplo, você pode configurá-lo como 10.0.0.1/23 para uma máscara de sub-rede /23, expandindo o espaço de endereçamento disponível.

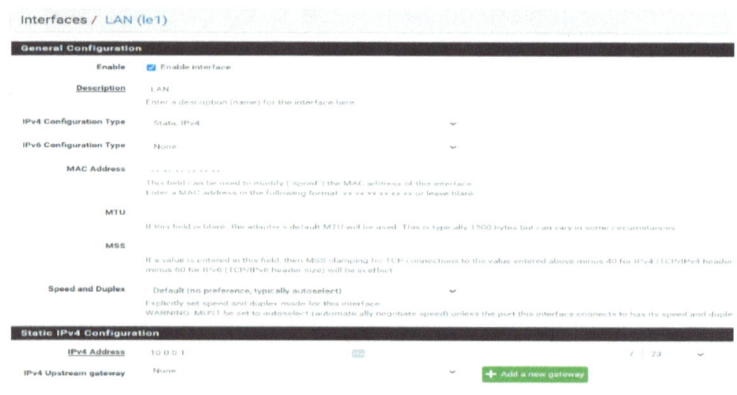

Lembre-se de que ao alterar o endereço da interface LAN, você precisará parar o serviço DHCP, e após a alteração, perderá o acesso ao WebConfigurator.

Para continuar a configuração, atribua manualmente um endereço IP fixo no seu computador de acordo com a nova rede. Por exemplo, se o endereço do gateway do pfSense for definido como 10.0.0.1/23, você pode configurar o endereço da sua máquina como 10.0.0.10/23.

Após a mudança da interface no pfSense e a configuração do IP fixo na sua máquina, você deve acessar o WebConfigurator usando o novo endereço, que incluirá a porta personalizada escolhida durante a configuração HTTPS, por exemplo, https://10.0.0.1:20001, **caso esteja acessando o pfSense pela interface LAN.**

Configurando o DHCP

Clique em "Services" (Serviços) > "DHCP Server" (Servidor DHCP).
Configurando o Servidor DHCP:

Na seção "General" (Geral), configure as seguintes opções:
"Interface": Selecione a interface de rede na qual você deseja ativar o servidor DHCP.
"Start IP Address" (Endereço IP Inicial): Insira o endereço IP inicial do intervalo DHCP.
"End IP Address" (Endereço IP Final): Insira o endereço IP final do intervalo DHCP.
"Default Gateway" (Gateway Padrão): Insira o endereço IP do gateway padrão, que geralmente é o primeiro IP disponível no intervalo, no nosso caso é o próprio pfSense 10.0.0.1

"DNS Servers" (Servidores DNS): Insira os endereços IP dos servidores DNS que você deseja usar.

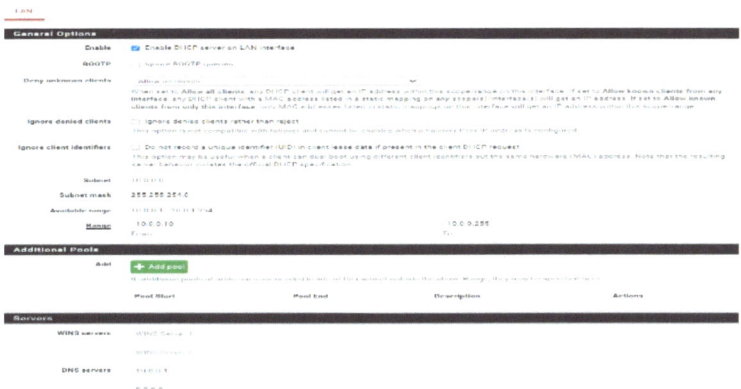

A escolha adequada do tamanho da máscara de rede é fundamental para garantir o funcionamento eficiente de uma rede. A máscara de rede determina a quantidade de endereços IP disponíveis em uma rede e influencia diretamente na segmentação, na gestão de dispositivos e na segurança.

Ao definir o tamanho da máscara de rede no DHCP, você precisa considerar o número de dispositivos que estarão conectados à sua rede. Uma máscara de rede muito pequena pode resultar em esgotamento de endereços IP e congestionamento, enquanto uma máscara muito grande desperdiça endereços e pode dificultar a gestão.

Portanto, escolher o tamanho adequado da máscara de rede é como dimensionar uma estrada para a quantidade certa de tráfego. É importante encontrar um equilíbrio entre economizar endereços IP e manter a rede escalável e gerenciável. Ao fazer essa escolha, você garante que sua rede funcione de maneira eficiente e atenda às necessidades de conectividade de seus dispositivos.

Configurando o DNS

Clique em "Services" (Serviços) > "DNS Resolver".
Configurando o Servidor DNS:

Na seção "General" (Geral), configure as seguintes opções:

"Interface": Selecione a interface de rede na qual você deseja ativar o servidor DNS podemos deixar marcada "ALL".

Clique em "Save" (Salvar) para salvar as configurações do servidor DNS.

Lembre-se de que essas configurações são exemplos e podem ser adaptadas de acordo com a sua rede e preferências específicas. Certifique-se de que os dispositivos na rede estejam configurados para obter endereços IP automaticamente (DHCP) para que as configurações funcionem corretamente.

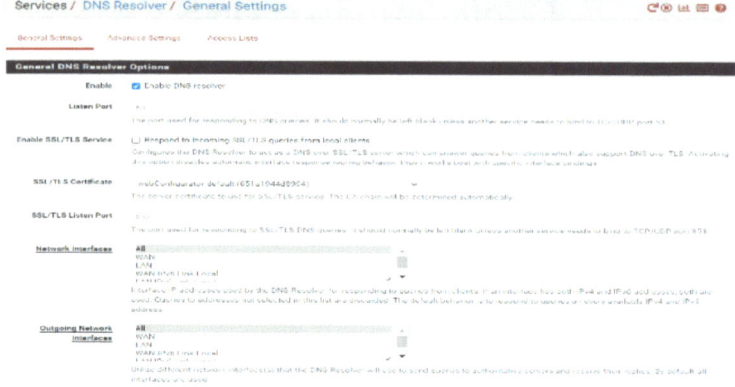

Configurando Regras de Firewall no pfSense

O pfSense oferece uma poderosa funcionalidade de firewall que permite controlar o tráfego de rede com precisão. Para configurar regras de saída, siga estas etapas:

Aqui está um exemplo de como criar uma regra de saída para permitir o acesso a serviços de comunicação comuns, como Google Meet, WhatsApp e outros, e bloquear todas as outras portas por motivos de segurança:

Ação: Pass (Permitir)

Origem: Qualquer

Destino: Qualquer

Protocolo: TCP/UDP

Porta: 80, 443 (Portas comuns para acesso à web), 53 (DNS), 3478 (Google Meet), 5222 (WhatsApp) e outras portas necessárias para os serviços específicos que deseja permitir.

Interface: LAN (ou a interface relevante)

Registro: Marque "Log this rule" (Registrar esta regra) se desejar registrar a atividade.

Segue exemplo para a porta 80:

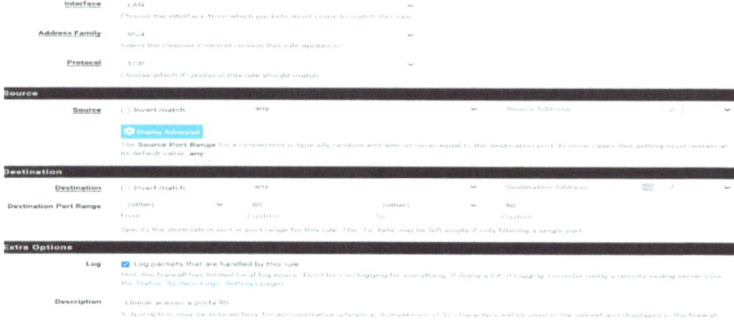

Após a configuração de todas as portas, apresentamos abaixo um resumo das regras de firewall que foram configuradas:

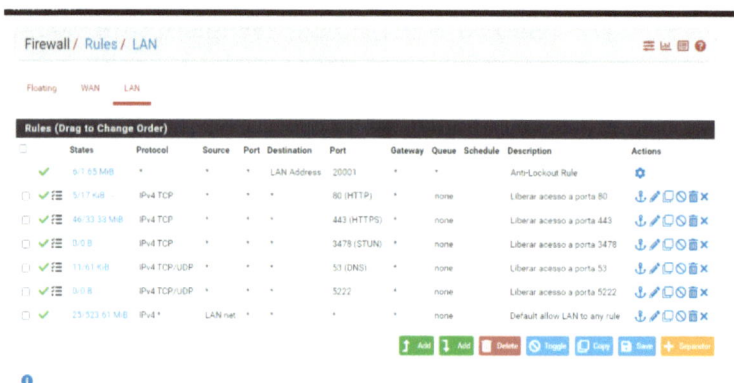

Após a configuração de todas as regras, não se esqueça de remover a regra que permite todo o tráfego de portas. Isso é essencial para manter a segurança de sua rede e garantir que apenas as portas necessárias estejam abertas.

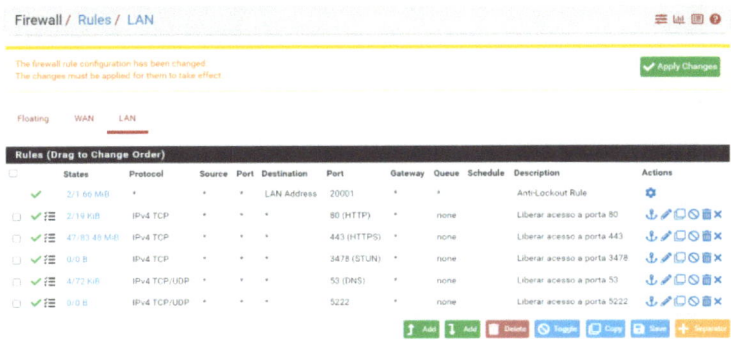

Ao final, aplique as configurações.

Bloquear Todas as Outras Portas:

Além das regras de saída permitindo serviços específicos, é recomendável adicionar uma regra de bloqueio para todas as outras portas. Você pode fazer isso criando uma regra adicional com a seguinte configuração:

Ação: Block (Bloquear)
Origem: Qualquer
Destino: Qualquer
Protocolo: TCP/UDP
Porta: Qualquer (ou deixe em branco para bloquear todas as portas)
Interface: LAN (ou a interface relevante)
Registro: Marque "Log this rule" (Registrar esta regra) se desejar registrar a atividade.
Certifique-se de que a regra de bloqueio para todas as outras portas esteja localizada após as regras que permitem serviços específicos na lista de regras de saída. Isso garantirá que o tráfego para serviços conhecidos seja

permitido e que todo o tráfego não autorizado seja bloqueado. Lembre-se de revisar e testar suas regras de firewall para garantir a segurança da sua rede.

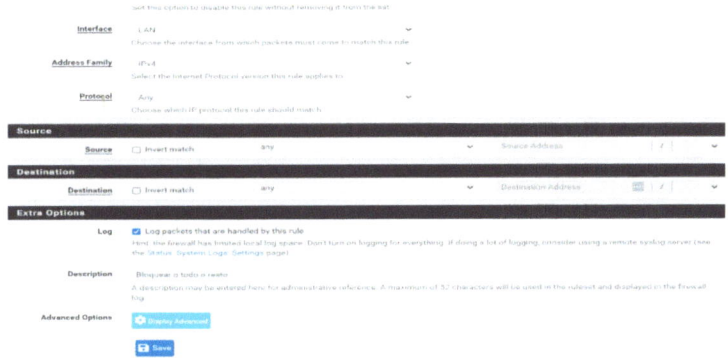

É fundamental prestar atenção à ordem das regras no firewall.

A regra que bloqueia todo o tráfego deve ser posicionada no final da lista de regras, caso contrário, ela bloqueará todos os acessos indiscriminadamente. No entanto, é possível adicionar uma regra de bloqueio no topo da lista, caso você esteja utilizando uma blocklist ou uma lista de bloqueio específica.

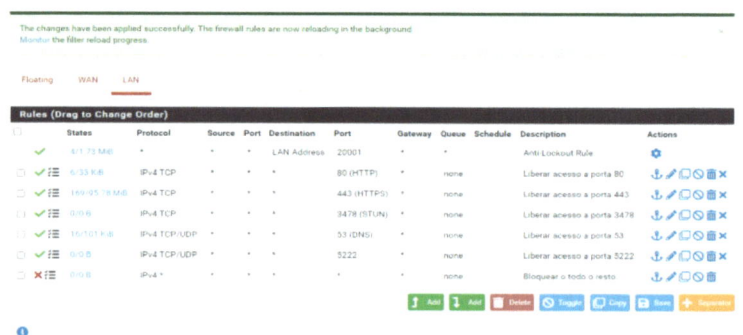

Importância de Liberar Apenas o Necessário e Bloquear Todo o Resto:

É crucial ressaltar que permitir apenas o tráfego necessário e bloquear todo o resto é uma prática fundamental para a segurança. Isso ajuda a reduzir significativamente as chances de um ataque cibernético bem-sucedido, protegendo sua rede contra ameaças potenciais. Ao configurar suas regras de firewall de maneira criteriosa e seguindo as práticas recomendadas de segurança, você fortalece a defesa da sua rede contra ameaças online. Lembre-se sempre de revisar e atualizar suas regras de firewall conforme necessário.

Configurando um Cliente-Servidor com OpenVPN entre pfSense

O OpenVPN é uma solução versátil e segura para criar uma conexão VPN entre dois pfSense. Esta seção mostrará como configurar uma VPN cliente-servidor com criptografia de 256 bits entre dois dispositivos pfSense para garantir a segurança da sua rede.

Para configurar uma VPN OpenVPN, siga estas etapas em ambos os dispositivos pfSense:

Acesse o WebConfigurator:

Abra o seu navegador e acesse o WebConfigurator do pfSense em https://10.0.0.1:20001 (ou o endereço IP relevante do seu pfSense).

Configurando o Servidor OpenVPN

Clique em "VPN" > "OpenVPN" > "Servers".

Clique em "Add" (Adicionar) para criar um novo servidor OpenVPN.

Configure as opções do servidor, como a interface, o protocolo (recomendado: UDP), as portas e as opções de criptografia.

Na seção "Crypto Settings" (Configurações de Criptografia), defina as seguintes opções:

"Shared Key": Marque a Opção gerar automaticamente uma chave compartilhada.

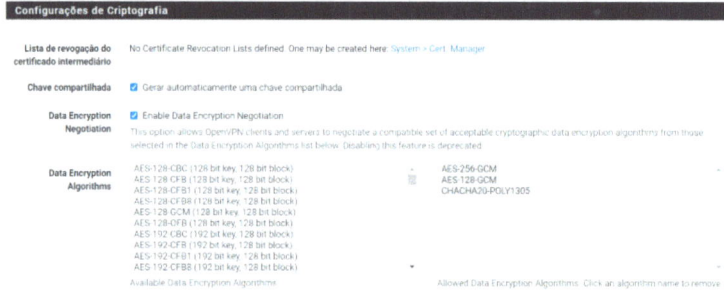

"Encryption Algorithm" (Algoritmo de Criptografia): Selecione o algoritmo desejado, como AES-256 (256 bits).

44

Configure as opções avançadas conforme necessário, como as rotas e as configurações de cliente.

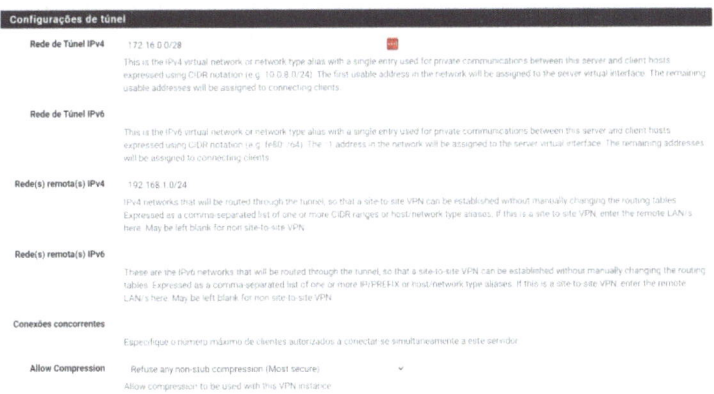

A rede do túnel é a rede virtual privada criada pela VPN para conectar as redes locais dos dois servidores pfSense. É uma rede virtual que opera dentro da conexão VPN e é usada para rotear o tráfego entre as redes locais de cada servidor.

A rede do túnel é tipicamente uma rede privada, separada das redes locais dos servidores, com um espaço de endereçamento IP específico. Por exemplo, se uma das redes locais é 192.168.1.0/24 e a outra é 10.0.0.0/24, você pode escolher uma faixa de endereços IP, como 172.16.0.0/28, para a rede do túnel. Isso ajudará a evitar qualquer sobreposição de endereços IP e permitirá que o roteamento funcione corretamente. Certificar-se de que as redes do túnel são distintas é uma prática recomendada para evitar problemas de conflito de IP.

A rede remota refere-se à rede local de um dos servidores pfSense que está do outro lado da conexão VPN.
É a rede que você deseja acessar a partir do outro servidor pfSense por meio da VPN.
A rede remota é configurada no servidor oposto como a rede de destino para a VPN. É onde estão os recursos que você deseja acessar, como servidores, dispositivos ou serviços.
Para uma configuração de VPN site a site, é fundamental definir corretamente as redes do túnel e as redes remotas em ambos os servidores pfSense. Essas configurações

indicam ao servidor onde encontrar os recursos que deseja acessar por meio da VPN.

Por exemplo, se o Servidor A possui uma rede local com o endereço IP 10.0.0.0/24 e o Servidor B possui uma rede local com o endereço IP 192.168.1.0/24, a rede do túnel será uma rede virtual usada para rotear o tráfego entre essas duas redes locais. O servidor A configurará a rede remota como 192.168.1.0/24 para acessar a rede do Servidor B, e o servidor B configurará a rede remota como 10.0.0.0/24 para acessar a rede do Servidor A.

É importante que essas configurações correspondam em ambos os servidores para que a VPN funcione corretamente e permita o tráfego entre as redes locais.

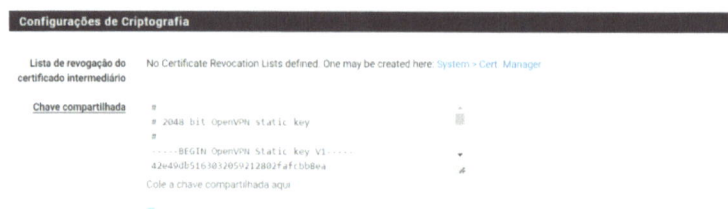

Configurações de Criptografia

Lista de revogação do certificado intermediário: No Certificate Revocation Lists defined. One may be created here: System > Cert. Manager

Chave compartilhada:
```
#
# 2048 bit OpenVPN static key
#
-----BEGIN OpenVPN Static key V1-----
42e49db5163032059212802fafcbb8ea
```
Cole a chave compartilhada aqui

Após concluir a configuração do servidor, é fundamental acessar as configurações e, em seguida, copiar a chave compartilhada. Essa chave desempenha um papel crucial na autenticação do cliente servidor. Certifique-se de guardar essa chave em um local seguro, pois será necessária durante a configuração do cliente servidor para estabelecer a conexão VPN de maneira segura e eficaz.

Configurando o Cliente OpenVPN

Clique em "VPN" > "OpenVPN" > "Clients".

Clique em "Add" (Adicionar) para criar um novo cliente OpenVPN.

Configure as opções do cliente, como o servidor de destino, as portas e as opções de criptografia iguais as do servidor.

O IP do host remoto é o endereço IP público do servidor pfSense ou do dispositivo com o qual o cliente deseja estabelecer a conexão VPN. Esse endereço é necessário para direcionar o tráfego da VPN para o destino correto.

Na área de chave compartilhada é fundamental inserir a chave de forma precisa e garantir que ela corresponda à chave configurada no servidor. Qualquer discrepância pode impedir a autenticação bem-sucedida, por isso é interessante copiar a mesma chave do servidor e colar no cliente OpenVPN.

Lembre-se de que a chave compartilhada é uma parte crítica da configuração da VPN e deve ser mantida em segurança.
Certifique-se de que o IP do host remoto esteja correto, para que a conexão seja estabelecida com sucesso e o tráfego possa fluir de forma segura entre o cliente e o servidor.

No campo "Redes Remotas" vamos configurar o IP remoto apontando para o servidor A, que possui o endereço IP 10.0.0.0/24, e a rede virtual será a mesma que foi configurada no servidor A, a qual é 172.16.0.0/28.

Em seguida salve as configurações do servidor pfSense B e inicie a conexão VPN no cliente pfSense para estabelecer uma conexão segura com o servidor pfSense.

Verificando a Conexão

Verifique a conexão VPN para garantir que ela esteja funcionando corretamente.

Lembre-se de que as configurações específicas podem variar com base nas suas necessidades e preferências. Certifique-se de ajustar as configurações de acordo com as suas especificações de rede.

Conclusão

Neste eBook, você aprendeu como instalar e configurar o pfSense, um poderoso firewall open source. Desde a instalação inicial até a configuração de recursos avançados, você está agora pronto para fortalecer a segurança da sua rede.

Para aprimorar ainda mais a segurança, considere a inclusão de listas de bloqueio (blacklists) e outras medidas de segurança recomendadas. Lembre-se de buscar mais informações e recursos adicionais para personalizar ainda mais a configuração do pfSense de acordo com suas necessidades específicas.

Obrigado por ler este livro sobre o pfSense, e desejamos a você sucesso na proteção e administração da sua rede.

www.ingramcontent.com/pod-product-compliance
Lightning Source LLC
Chambersburg PA
CBHW050753290526
45792CB00008B/2162